inv. ye 19339

LE

COFFRET DE SANTAL

C.

CHARLES CROS

LE
COFFRET

DE

SANTAL

ÉDITEURS :

A PARIS   A NICE
ALPHONSE LEMERRE   J. GAY ET FILS
Passage Choiseul.   Rue Ste-Clotilde

MDCCCLXXIII

A NINA

J'offre ce coffret de santal.

PRÉFACE

Au plus grand nombre je déplais.
Car je semble tombé des nues,
Rêvant de terres inconnues
D'où j'exile les gens trop laids.

La tête au vent, je contemplais
Le ciel, les bois, les splendeurs nues.
Quelques rimes, me sont venues.
Public, prends-les ou laisse-les.

Je les multiplie et les sème
Pour que, par hasard, ceux que j'aime
Puissent les trouver sous leurs pas.

Quand ceux-là diront que j'existe,
La foule, qui ne comprend pas,
Paiera. C'est l'espoir de l'artiste.

DIVINATIONS

DIVINATIONS

NOCTURNE

—

A ARSENE HOUSSAYE

Bois frissonnants, ciel étoilé,
Mon bien aimé s'en est allé,
Emportant mon cœur désolé!

Vents, que vos plaintives rumeurs,
Que vos chants, rossignols charmeurs,
Aillent lui dire que je meurs!

※

Le premier soir qu'il vint ici
Mon âme fut à sa merci.
De fierté je n'eus plus souci.

Mes regards étaient pleins d'aveux.
Il me prit dans ses bras nerveux
Et me baisa près des cheveux.

J'en eus un grand frémissement ;
Et puis, je ne sais plus comment,
Il est devenu mon amant.

Et, bien qu'il me fût inconnu,
Je l'ai pressé sur mon sein nu
Quand dans ma chambre il est venu.

✳

Je lui disais : « Tu m'aimeras
Aussi longtemps que tu pourras ! »
Je ne dormais bien qu'en ses bras.

Mais lui, sentant son cœur éteint,
S'en est allé l'autre matin,
Sans moi, dans un pays lointain.

Puisque je n'ai plus mon ami,
Je mourrai dans l'étang, parmi
Les fleurs, sous le flot endormi.

Au bruit du feuillage et des eaux,
Je dirai ma peine aux oiseaux
Et j'écarterai les roseaux.

Sur le bord arrêtée, au vent
Je dirai son nom, en rêvant
Que là je l'attendis souvent.

Et comme en un linceul doré,
Dans mes cheveux défaits, au gré
Du flot je m'abandonnerai.

❋

Les bonheurs passés verseront
Leur douce lueur sur mon front ;
Et les joncs verts m'enlaceront.

Et mon sein croira, frémissant
Sous l'enlacement caressant,
Subir l'étreinte de l'absent.

❦

Que mon dernier souffle, emporté
Dans les parfums du vent d'été,
Soit un soupir de volupté !

Qu'il vole, papillon charmé
Par l'attrait des roses de mai,
Sur les lèvres du bien-aimé !

ROMANCE

—

A PHILIPPE BURTY

Le bleu matin
Fait pâlir les étoiles.
  Dans l'air lointain
La brume a mis ses voiles.
  C'est l'heure où vont,
Au bruit clair des cascades,
  Danser en rond,
Sur le pré, les Dryades.

  Matin moqueur,
Au dehors tout est rose.
  Mais dans mon cœur

Règne l'ennui morose.
    Car j'ai parfois
À son bras, à cette heure,
    Couru ce bois.
Seule à présent j'y pleure.

    Le jour paraît,
La brume est déchirée,
    Et la forêt
Se voit pourpre et dorée.
    Mais, pour railler
La peine qui m'oppresse,
    J'entends piailler
Les oiseaux en liesse.

RENDEZ-VOUS

—

A J. KECK

Ma belle amie est morte,
Et voilà qu'on la porte
En terre, ce matin,
En souliers de satin.

Elle dort toute blanche,
En robe de dimanche,
Dans son cercueil ouvert
Malgré le vent d'hiver.

❋

Creuse, fossoyeur, creuse
À ma belle amoureuse
Un tombeau bien profond,
Avec ma place au fond.

Avant que la nuit tombe
Ne ferme pas la tombe;
Car elle m'avait dit
De venir cette nuit.

De venir dans sa chambre :
« Par ces nuits de décembre,
Seule, en mon lit étroit,
Sans toi, j'ai toujours froid. »

Mais, par une aube grise,
Son frère l'a surprise
Nue et sur mes genoux. -
Il m'a dit : « Battons-nous.

Que je te tue. Ensuite
Je tuerai la petite. »
C'est moi qui, m'en gardant,
L'ai tué, cependant.

Sa peine fut si forte
Qu'hier elle en est morte.
Mais, comme elle m'a dit,
Elle m'attend au lit.

Au lit que tu sais faire,
Fossoyeur, dans la terre.
Et, dans ce lit étroit,
Seule, elle aurait trop froid.

※

J'irai coucher près d'elle,
Comme un amant fidèle,
Pendant toute la nuit
Qui jamais ne finit.

AQUARELLE

—

A HENRY CROS

Au bord du chemin, contre un églantier,
Suivant du regard le beau cavalier
Qui vient de partir, Elle se repose,
Fille de seize ans, rose, en robe rose.

Et l'Autre est debout, fringante. En ses yeux
Brillent les éclairs d'un rêve orgueilleux...
Diane mondaine à la fière allure,
Corps souple, front blanc, noire chevelure.

Tandis que sa blonde amie en rêvant
Ecoute les sons qu'apporte le vent,
Bruits sourds de galop, sons lointains de trompe,

Diane se dit : « Rosette se trompe.
Quand Il est parti tout pâle d'émoi
Son dernier regard n'était que pour moi. »

———

L'ORGUE

—

A ANDRÉ GILL

Sous un roi d'Allemagne, ancien,
Est mort Gottlieb le musicien.
    On l'a cloué sous les planches.
        Hou ! hou ! hou !
    Le vent souffle dans les branches.

Il est mort pour avoir aimé
La petite Rose-de-Mai.
    Les filles ne sont pas franches.
        Hou ! hou ! hou !
    Le vent souffle dans les branches.

Elle s'est mariée, un jour,
Avec un autre, sans amour.
    « Repassez les robes blanches ! »
      Hou ! hou ! hou !
    Le vent souffle dans les branches.

Quand à l'église ils sont venus,
Gottlieb à l'orgue n'était plus,
    Comme les autres dimanches.
      Hou ! hou ! hou !
    Le vent souffle dans les branches.

Car depuis lors, à minuit noir,
Dans la forêt on peut le voir
    A l'époquè des pervenches.
      Hou ! hou ! hou !
    Le vent souffle dans les branches.

Son orgue a les pins pour tuyaux.
Il fait peur aux petits oiseaux.
    Morts-d'amour ont leurs revanches.
      Hou ! hou ! hou !
    Le vent souffle dans les branches.

RONDE FLAMANDE

—

Si j'étais roi de la forêt,
    Je mettrais une couronne
Toute d'or; en velours bleuet
        J'aurais un trône,

En velours bleu, garni d'argent
    Comme un livre de prière,
J'aurais un verre en diamant
        Rempli de bière,

Rempli de bière ou de vin blanc.
    Je dormirais sur des roses.
Dire qu'un roi peut avoir tant
        De belles choses.

※

Dire qu'un roi prend quand il veut
La plus belle fille au monde
Dont les yeux sont du plus beau bleu,
Et la plus blonde,

Avec des tresses comme en a
Jusqu'aux genoux, Marguerite.
Si j'étais roi, c'est celle-là
Que j'aurais vite.

✳

J'irais la prendre à son jardin,
Sur l'eau, dans ma barque noire,
Mât de nacre et voile en satin
Rames d'ivoire.

Satin blanc, nacre et câbles d'or...
Des flûtes, des mandolines
Pour bercer la belle qui dort
Sur des hermines !

✳

Hermine, agrès d'or et d'argent,
Doux concert, barque d'ébène,
Couronne et verre en diamant...
J'en suis en peine.

Je n'ai que mon cœur de garçon.
Marguerite se contente
D'être ma reine en la chanson
Que je lui chante.

ROSES ET MUGUETS

Ronde

—

AU COMTE CHARLES DE MONTBLANC

Dans le vallon qu'arrose
L'eau courante, j'allais
Un jour cueillir la rose,
La rose et les muguets.

Mon amoureux qui n'ose
Rien me dire, y passait;
Moi je cueillais la rose,
La rose et le muguet.

« Oh vilain! oh morose! »
Au nez je lui riais,
Tout en cueillant la rose,
La rose et les muguets.

Sur l'herbe je me pose
En jetant mon bouquet,
Mon beau bouquet de rose,
De rose et de muguet.

« Dis-moi donc quelque chose!
« Les oiseaux sont plus gais
« Gazouillant à la rose,
« Becquetant les muguets.

« N'aye pas peur qu'on glose.
« Le lézard fait le guet
« Couché sur une rose,
« Caché dans le muguet. »

Mais sur ma bouche close
Son baiser me narguait.
« Tes lèvres sont de rose
« Et les dents de muguet. »

Le méchant! Il est cause
(Moi qui tant me moquais!)
Que dans l'eau court ma rose
Ma rose et mes muguets.

———

LA DAME EN PIERRE

—

A JOSÉ MARIA DE HÉRÉDIA

Sur ce couvercle de tombeau
    Elle dort. L'obscur artiste
Qui l'a sculptée a vu le beau
    Sans rien de triste.

Joignant les mains, les yeux heureux
    Sous le voile des paupières,
Elle a des rêves amoureux
    Dans ses prières.

Sous les plis lourds du vêtement,
    La chair apparaît rebelle,
N'oubliant pas complètement
    Qu'elle était belle.

Ramenés sur le sein glacé
    Les bras, en d'étroites manches,
Rêvent l'amant qu'ont enlacé
    Leurs chaînes blanches.

Le lévrier, comme autrefois
    Attendant une caresse,
Dort blotti contre les pieds froids
    De sa maîtresse.

Tout le passé revit. Je vois
    Les splendeurs seigneuriales.
Les écussons et les pavois
    Des grandes salles,

Les hauts plafonds de bois, bordés
    D'emblématiques sculptures,
Les chasses, les tournois brodés
    Sur les tentures.

Dans son fauteuil, sans nul souci
    Des gens dont la chambre est pleine,
A quoi peut donc rêver ainsi
    La châtelaine ?

Ses yeux où brillent par moment
    Les fiertés intérieures,
Lisent mélancoliquement
    Un livre d'heures.

Quand une femme rêve ainsi
    Fière de sa beauté rare,
C'est quelque drame sans merci,
    Qui se prépare.

※

Peut-être à temps, en pleine fleur,
    Celle-ci fut mise en terre.
Bien qu'implacable, la douleur
    En fut austère.

L'amant n'a pas vu se ternir,
    Au souffle de l'infidèle,
La pureté du souvenir
    Qu'il avait d'elle.

La mort n'a pas atteint le beau.
    La chair perverse est tuée,
Mais la forme est sur un tombeau
    Perpétuée.

DESTINÉE

—

A LECONTE DE LISLE

Quel est le but de tant d'ennuis ?
Nous vivons fiévreux, hâletants,
Sans jouir des fleurs au printemps,
    Du calme des nuits.

Pourquoi ces pénibles apprêts,
Ces labeurs que le doute froid
Traverse, où nous trouvons l'effroi ?
    Pour mourir après ?

Mais non. L'éternelle beauté
Est le flambeau d'attraction
Vers qui le vivant papillon
    Se trouve emporté.

Mais souvent le papillon d'or
Trouve la mort au clair flambeau.
C'est ainsi qu'en plus d'un tombeau
     La vérité dort.

Ceux qui suivent retrouvent-ils
Ces pensers éteints au berceau ?
Quel ruisseau redit du ruisseau
     Les rhythmes subtils ?

L'ARCHET

—

Elle avait de beaux cheveux, blonds
Comme une moisson d'août, si longs
Qu'ils lui tombaient jusqu'aux talons.

Elle avait une voix étrange,
Musicale, de fée ou d'ange,
Des yeux verts sous leur noire frange.

*

Lui, ne craignait pas de rival,
Quand il traversait mont ou val,
En l'emportant sur son cheval.

Car, pour tous ceux de la contrée,
Altière elle s'était montrée,
Jusqu'au jour qu'il l'eut rencontrée.

*

L'amour la prit si fort au cœur,
Que pour un sourire moqueur,
Il lui vint un mal de langueur.

Et dans ses dernières caresses :
« Fais un archet avec mes tresses,
Pour charmer les autres maîtresses. »

Puis, dans un long baiser nerveux,
Elle mourut. Suivant ses vœux,
Il fit l'archet de ses cheveux.

Comme un aveugle qui marmonne,
Sur un violon de Crémone
Il jouait, demandant l'aumône.

Tous avaient d'enivrants frissons
A l'écouter. Car dans ces sons
Vivaient la morte et ses chansons.

Le roi, charmé, fit sa fortune.
Lui, sut plaire à la reine brune
Et l'enlever au clair de lune.

Mais, chaque fois qu'il y touchait
Pour plaire à la reine, l'archet
Tristement le lui reprochait.

Au son du funèbre langage,
Ils moururent à mi-voyage.
Et la morte reprit son gage.

Elle reprit ses cheveux, blonds
Comme une moisson d'août, si longs
Qu'ils lui tombaient jusqu'aux talons,

CHANT ETHIOPIEN

—

A ÉMILE WROBLEWSKI

Apportez-moi des fleurs odorantes,
Pour me parer, compagnes errantes,
Pour le charmer, ô mon bien aimé.
Déjà le vent s'élève embaumé.

Le vent du soir fait flotter vos pagnes.
Dans vos cheveux, pourquoi, mes compagnes,
Entrelacer ces perles de lait ?
Mon cou — dit-il — sans perles lui plaît.

Mon cou qu'il prend entre ses bras souples
Frémit d'amour. Nous voyons par couples
Tout près de nous, entre les roseaux,
Dans le muguet, jouer les oiseaux.

Le blanc muguet fait des perles blanches,
Mon bien aimé rattache à mes hanches
Mon pagne orné de muguet en fleur ;
Mes dents — dit-il — en ont la pâleur.

Mes blanches dents et mon sein qui cède
Mes longs cheveux, lui seul les possède.
Depuis le soir où son œil m'a lui,
Il est à moi ; moi je suis à lui.

·LI-TAÏ-PÉ

—

A ERNEST CABANER

Mille étés et mille hivers
Passeront sur l'univers,
Sans que du poète-dieu
Li-taï-pé meurent les vers.
Dans l'Empire du milieu.

Sur notre terre exilé,
Il contemplait désolé
Le ciel, en se souvenant
Du beau pays étoilé
Qu'il habite maintenant.

Il abaissait son pinceau ;
Et l'on voyait maint oiseau
Ecouter, en voletant
Parmi les fleurs du berceau,
Le poète récitant.

Sur le papier jaune et vert
De mouches d'argent couvert,
Fins et noirs pleuvaient les traits.
Tel, sur la neige, en hiver,
Le bois mort dans les forêts.

*

Il n'est de soupirs du vent,
De clameurs du flot mouvant
Qui soient si doux que les sons
Que le poète, rêvant,
Savait mettre en ses chansons.

Aromatiques senteurs
Dont s'embaument les hauteurs,
Thym, muguet, roses, jasmin,
Comme en des rêves menteurs,
Naissaient sous sa longue main.

A présent, il est auprès
De Fo-hi, dans les prés frais,
Où les sages s'en vont tous,
A l'ombre des grands cyprès,
Boire et rire avec les fous.

L'ÉTÉ

—

A CATULLE MENDÈS

C'est l'été. Le soleil darde
Ses rayons intarissables
Sur l'étranger qui s'attarde
Au milieu des vastes sables.

Comme une liqueur subtile
Baignant l'horizon sans borne,
L'air qui du sol chaud distille
Fait trembloter le roc morne.

Le bois des arbres éclate.
Le tigre rayé, l'hyène,
Tirant leur langue écarlate,
Cherchent de l'eau dans la plaine.

Les éléphants vont en troupe,
Broyant sous leurs pieds les haies
Et soulevant de leur croupe
Les branchages des futaies.

Il n'est pas de grotte creuse,
Où la chaleur ne pénètre,
Aucune vallée ombreuse
Où de l'herbe puisse naître.

Au jardin, sous un toit lisse
De bambou, Sitâ sommeille ;
Une moue effleure et plisse
Parfois sa lèvre vermeille.

Sous la gaze, d'or rayée,
Où son beau corps s'enveloppe,
En s'étirant, l'ennuyée
Ouvre ses yeux d'antilope.

Mais elle attend, sous ce voile
Qui trahit sa beauté nue,
Qu'au ciel la première étoile
Annonce la nuit venue.

Déjà le soleil s'incline
Et dans la mer murmurante
Va, derrière la colline,
Mirer sa splendeur mourante.

Et la nature brûlée
Respire enfin. La nuit brune
Revêt sa robe étoilée,
Et, calme, apparaît la lune.

SEPT PORTRAITS

SEPT PORTRAITS

—

I

SONNET

A Mademoiselle Nelsy de S.

Je crois que Mantegna vous a faite en peinture
Droite dans le gazon rare et les arbres fins,
Au bord d'une mer bleue, où, civils, des dauphins
Escortent des vaisseaux à la basse mâture.

Vous menez, garrottés d'une rouge ceinture,
Des amours; sans souci de leurs pleurs vrais ou feints
Vous rêvez des projets dont nul ne sait les fins,
Laissant vos cheveux d'or flotter à l'aventure.

Ou, prêtresse venue avec les chefs normands,
C'était vous qui rendiez dociles et dormants,
Par vos chansons, les flots insoumis de la Seine.

Échappée à d'anciens tableaux, d'anciens romans,
Ainsi, votre beauté m'étonne sur la scène
Du monde de nos jours, pauvre en enchantements.

II

SONNET

A Madame S. de F.

Ecartant les taillis, courant par les clairières,
A travers la forêt des spontanéités,
Et cherchant dans l'émoi des soifs aventurières
L'oubli des paradis pour un instant quittés,

Vous allez et cueillez des plantes singulières,
Inquiète, cheveux flottants, yeux agités,
Pour parfumer l'air fade et pour cacher les pierres
De la prison terrestre où nous sommes jetés.

Et puis, quand vous avez groupé les fleurs coupées,
Vous vous ressouvenez de l'idéal lointain,
Et leur éclat, devant ce souvenir, s'éteint.

Alors l'ennui vous prend. Vos mains inoccupées
Brisent les pâles fleurs et les jettent au vent.
Et vous recommencez ainsi, le jour suivant.

III

SONNET

A Madame S. C.

Bien que parisienne en tous points, vous.avez
Conservé dans votre être un parfum bucolique,
Legs immatériel des poèmes rêvés
Par votre mère ; ainsi votre forme s'explique.

En effet, votre voix a des sons dérivés
Du parler berrichon lent et mélancolique,
Et tous vos mouvements, que j'ai bien observés,
Me font penser à Ruth, la glaneuse biblique.

De vous s'échappe un vague arome de foins mûrs.
Comme ceux des lézards qui dorment sur les murs,
Vos yeux pleins de soleil sont prêts à toute alerte.

Et, par bonté pour ceux que vos yeux ont touchés,
Sous des aspects mondains et roués, vous cachez
Que vous n'aimez au fond que la campagne verte.

IV

TROIS QUATRAINS

A Betsy

Le casque de velours, qui de plumes s'égaie,
Rabat sur les sourcils les boucles, frondaison
D'or frisé. Les yeux froids, prêts à la trahison,
Dardent leurs traits d'acier sous cette blonde haie.

Et l'oreille mignonne écoute gravement
Ce qu'on dit du profil. Pleine et rose la joue
S'émeut aux madrigaux. La bouche fait la moue
Mais le petit nez fier n'a pas un mouvement.

Et puis le cou puissant dont la blancheur étonne
Fait rêver aux blancheurs opulentes du sein.
Voici le fond qu'il faut au lumineux dessin :
Un matin rose, avec arbres rouillés, l'automne.

V

SIX TERCETS

A Berthe

Les cheveux plantureux et blonds, bourrés de crin,
Se redressent altiers : deux touffes latérales
Se collent sur le front en moqueuses spirales.

Aigues-marines, dans le transparent écrin
Des paupières, les yeux qu'un clair fluide baigne
Ont un voluptueux regard qui me dédaigne.

Tout me nargue : les fins sourcils, arcs indomptés,
Le nez au flair savant, la langue purpurine
Qui s'allonge jusqu'à chatouiller la narine,

Et le menton pointu, signe des volontés
Implacables, et puis cette irritante mouche
Sise au dessous du nez et tout près de la bouche.

Mais, au bout du menton rose où vient se poser
Un doigt mignon, dans cette attitude songeuse,
Enigmatiquement la fossette se creuse.

Je prends, à la faveur de ce calme, un baiser
Sur les flocons dont la nuque fine est couverte,
En prix de ce croquis rimé d'après vous, Berthe.

VI

SONNET

A Madame de M.

Ignorante ou plutôt dédaigneuse des maux
Et des perversités, vous sachant hors d'atteinte,
Vous traversez la vie en aimant sans contrainte,
Donnant de votre chàrme au faits les plus normaux.

J'ai comme un souvenir vague, en de vieux émaux
D'un portrait lumineux de reine ou bien de sainte
A la grâce élancée, où je vous trouvais peinte
Mieux que je ne ferais en alignant des mots.

Comme la sainte, vous avez le don de plaire
Sans recherche fiévreuse ; aussi votre âme claire
Aux ouragans mondains ne se troublera pas.

Et vous avez encor, comme dans cette image,
Le fin et long aspect des reines moyen-âge
Dont un peuple naïf et doux baisait les pas.

VII

SONNET

A Madame Fanny A. P.

Pour le surnaturel éclat des cheveux blonds,
Pour la neige du cou, l'aurore de la bouche,
Je rêve une peinture où, frêle, chaque touche
Soit un sourire, prix d'efforts fervents et longs.

Le fond, ciel de septembre où le soleil se couche,
Serait de saphirs bleus, de rubis vermillons.
Ma palette serait l'aile des papillons
Et mes pinceaux des brins de huppe d'oiseau mouche.

Je graverais d'abord avec un diamant,
En traits fins, le sourcil, l'œil, la joue et l'oreille,
Conque rose écoutant mes vers malignement.

Puis la poussière d'or et de nacre, pareille
Aux éclairs de l'émail, au velours du pastel,
Teinterait ce portrait, pâle auprès du réel.

PRINTEMPS

PRINTEMPS

SONNET CABALISTIQUE

Dans notre vie âcre et fiévreuse
Ta splendeur étrange apparaît,
Phare altier sur la côte affreuse;
Et le voir est joie et regret.

Car notre âme que l'ennui creuse
Cède enivrée à ton attrait,
Et te voudrait la reine heureuse
D'un monde qui t'adorerait.

Mais tes yeux disent, Sidonie,
Dans leur lumineuse ironie,
Leur mélancolique fierté,

Qu'à ton front, d'où l'or fin rayonne,
Il suffit d'avoir la couronne
De l'idéale royauté.

SONNET MADRIGAL

—

J'ai voulu des jardins pleins de roses fleuries,
J'ai rêvé de l'Eden aux vivantes féeries,
De lacs bleus, d'horizons aux tons de pierreries ;
Mais je ne veux plus rien ; il suffit que tu ries.

Car, roses et muguets, les lèvres et les dents
Plus que l'Eden, sont but de désirs imprudents,
Et les yeux sont des lacs de saphir, et dedans
S'ouvrent des horizons sans fin, des cieux ardents.

Corps musqués sous la gaze où l'or lamé s'étale,
Nefs, haschisch... j'ai rêvé l'ivresse orientale.
Et mon rêve s'incarne en la beauté fatale.

Car, plus encor qu'en mes plus fantastiques vœux,
J'ai trouvé de parfums dans l'or de tes cheveux,
D'ivresse à m'entourer de tes beaux bras nerveux.

—

MATIN

—

Voici le matin bleu. Ma rose et blonde amie
Lasse d'amour, sous mes baisers, s'est endormie.
Voici le matin bleu qui vient sur l'oreiller
Eteindre les lueurs oranges du foyer.

L'insoucieuse dort. La fatigue a fait taire
Le babil de cristal, les soupirs de panthère,
Les voraces baisers et les rires perlés.
Et l'or capricieux des cheveux déroulés

Fait un cadre ondoyant à la tête qui penche.
Nue et fière de ses contours, la gorge blanche
Où, sur les deux sommets, fleurit le sang vermeil,
Se soulève et s'abaisse au rhythme du sommeil.

La robe, nid de soie, à terre est affaissée.
Hier, sous des blancheurs de batiste froissée
La forme en a jailli libre, papillon blanc
Qui sort de son cocon, l'aile collée au flanc.

A côté, sur leurs hauts talons, sont les bottines
Qui font aux petits pieds ces allures mutines,
Et les bas, faits de fils de la vierge croisés,
Qui prennent sur la peau des chatoiements rosés.

Epars dans tous les coins de la chambre muette,
Je revois les débris de la fière toilette
Qu'elle portait, quand elle est arrivée hier
Tout imprégnée encor des senteurs de l'hiver.

SONNET D'OARISTYS

—

Tu me fis d'imprévus et fantasques aveux
Un soir que tu t'étais royalement parée,
Haut coiffée, et ruban ponceau dans les cheveux
Qui couronnaient ton front de leur flamme dorée.

Tu m'avais dit « Je suis à toi si tu me veux » ;
Et, frémissante, à mes baisers tu t'es livrée.
Sur la gorge glacée et sur les flancs nerveux
Les frissons de Vénus perlaient la peau nacrée.

L'odeur de tes cheveux, la blancheur de tes dents,
Tes souples soubresauts et tes soupirs grondants,
Tes baisers inquiets de lionne joueuse

M'ont, à la fois, donné la peur et le désir
De voir finir, après l'éblouissant plaisir,
Par l'éternelle mort, la nuit tumultueuse.

L'HEURE VERTE

—

Comme bercée en un hamac,
La pensée oscille et tournoie,
A cette heure où tout estomac
Dans un flot d'absinthe se noie.

Et l'absinthe pénètre l'air,
Car cette heure est toute émeraude.
L'appétit aiguise le flair
De plus d'un nez rose qui rôde.

Promenant le regard savant
De ses grands yeux d'aigue-marines,
Circé cherche d'où vient le vent
Qui lui caresse les narines.

Et, vers des diners inconnus,
Elle court à travers l'opale
De la brume du soir. Vénus
S'allume dans le ciel vert-pâle.

SOUVENIR D'AVRIL

—

Le rhythme argentin de ta voix
Dans mes rêves gazouille et tinte,
Chant d'oiseau, bruit de source au bois,
Qui réveillent ma joie éteinte.

Mais les bois n'ont pas de frissons,
Ni les harpes éoliennes,
Qui soient si doux que les chansons
Que les chansons tyroliennes.

Parfois le vent m'apporte encor
L'odeur de ta blonde crinière,
Et je revois tout le décor
D'une folle nuit printannière ;

D'une des nuits, où les baisers
S'entremêlaient d'historiettes,
Pendant que de tes doigts rosés
Tu te roulais des cigarettes ;

Où ton babil, les mouvements
Prenaient l'étrange caractère
D'inquiétants miaulements,
De mordillements de panthère.

*

Puis tu livrais les trésors blancs
Avec des poses languissantes...
Le frisson emperlaient les flancs
Emus des voluptés récentes.

Ainsi ton image me suit,
Reconfort aux heures glacées,
Sereine étoile de la nuit
Où dorment mes splendeurs passées.

Ainsi, dans les pays fictifs
Où mon âme erre vagabonde,
Les fonds noirs de cyprès et d'ifs,
S'égayent de la beauté blonde.

*

Et, dans l'écrin du souvenir
Précieusement enfermée,
Perle que rien ne peut ternir,
Tu demeures la plus aimée.

———

TRIOLETS FANTAISISTES

—

Sidonie a plus d'un amant,
C'est une chose bien connue
Qu'elle avoue, elle, fièrement.
Sidonie a plus d'un amant
Parce que, pour elle, être nue
Est son plus charmant vêtement.
C'est une chose bien connue
Sidonie a plus d'un amant.

Elle en prend à ses cheveux blonds
Comme, à sa toile, l'araignée
Prend les mouches et les frelons.
Elle en prend à ses cheveux blonds.
Vers sa prunelle ensoleillée
Ils volent, pauvres papillons.
Comme, à sa toile, l'araignée
Elle en prend à ses cheveux blonds.

Elle en attrape avec les dents
Quand le rire entrouvre sa bouche
Et dévore les imprudents.
Elle en attrape avec les dents.
Sa bouche, quand elle se couche,
Reste rose et ses dents dedans.
Quand le rire entrouvre sa bouche
Elle en attrape avec les dents.

Elle les mène par le nez,
Comme fait, dit-on, le crotale
Des oiseaux qu'il a fascinés.
Elle les mène par le nez.
Quand dans une moue elle étale
Sa langue à leurs yeux étonnés,
Comme fait, dit-on, le crotale
Elle les mène par le nez.

Sidonie a plus d'un amant,
Qu'on le lui reproche ou l'en loue
Elle s'en moque également.
Sidonie a plus d'un amant.
Aussi, jusqu'à ce qu'on la cloue
Au sapin de l'enterrement,
Qu'on le lui reproche ou l'en loue,
Sidonie aura plus d'un amant.

———

SCHERZO

—

Sourires, fleurs, baisers, essences,
Après de si fades ennuis,
Après de si ternes absences,
Parfumez le vent de mes nuits !

Illuminez ma fantaisie,
Jonchez mon chemin idéal,
Et versez-moi votre ambroisie,
Longs regards, lys, lèvres, santal !

✳

Car j'ignore l'amour caduque
Et le dessillement des yeux,
Puisqu'encor sur ta blanche nuque
L'or flambloie en flocons soyeux.

Et cependant, ma fière amie,
Il y a longtemps, n'est-ce-pas ?
Qu'un matin tu t'es endormie,
Lasse d'amour entre mes bras.

Ce ne sont pas choses charnelles
Qui font ton attrait non pareil,
Qui conservent à tes prunelles
Ces mêmes rayons de soleil.

Car les choses charnelles meurent,
Ou se fanent à l'air réel.
Mais toujours les beautés demeurent
Dans leur nimbe immatériel.

Ce n'est plus l'heure des tendresses
Jalouses, ni des faux serments.
Ne me dis rien de mes maîtresses,
Je ne compte pas les amants.

A toi, comète vagabonde
Souvent attardée en chemin,
Laissant ta chevelure blonde
Flotter dans l'éthersurhumain,

Qu'importent quelques astres pâles
Au ciel troublé de ma raison,
Quand tu viens à longs intervalles
Envelopper mon horizon ?

＊

Je ne veux pas savoir quels pôles
Ta folle orbite a dépassés,
Tends-moi les seins et les épaules ;
Que je les baise, c'est assez.

ÉTÉ

ÉTÉ

—

SONNET

—

A Madame N.

Je voudrais, en groupant des souvenirs divers,
Imiter le concert de vos grâces mystiques.
J'y vois, par un soir d'or où valsent les moustiques,
La libellule bleue effleurant les joncs verts ;

J'y vois la brune amie à qui rêvait en vers
Celui qui fit le doux cantique des cantiques ;
J'y vois ces yeux qui, dans des tableaux encaustiques,
Sont, depuis Cléopâtre, encore grands ouverts.

Mais, l'opulent contour de l'épaule ivoirine,
La courbe des trésors jumeaux de la poitrine,
Font contraste à ce frêle aspect aérien ;

Et, sur le charme pris aux splendeurs anciennes,
La jeunesse vivante a répandu les siennes
Auprès de qui cantique ou tableau ne sont rien.

MADRIGAL

SUR UN CARNET D'IVOIRE

Mes vers, sur les lames d'ivoire
De votre carnet, font semblant
D'imiter la floraison noire
Des cheveux sur votre cou blanc.

Il faudrait d'immortelles strophes
A votre charme triomphal,
Quand dans un tourbillon d'étoffes
Vous entrez follement au bal.

Le sein palpite sous la gaze
Et, fermés à demi, les yeux
Voilent leurs éclairs de topaze
Sous la frange des cils soyeux.

Willis parisienne, empreinte
D'un charme inquiétant, mais doux,
J'attends, voluptueuse crainte,
La mort, si je valse avec vous.

———

SOIR

—

Je viens de voir ma bien-aimée
Et vais au hasard, sans desseins,
La bouche encor tout embaumée
Du tiède contact de ses seins.

Mes yeux voient à travers le voile
Qu'y laisse le plaisir récent,
Dans chaque lanterne une étoile,
Un ami dans chaque passant.

Chauves-souris disséminées
Mes tristesses s'en vont en l'air
Se cacher par les cheminées,
Noires, sur le couchant vert-clair.

Le gaz s'allume aux étalages...
Moi, je crois, au lieu du trottoir,
Fouler sous mes pieds les nuages
Ou les tapis de son boudoir.

Car elle suit mes courses folles,
Et le vent vient me caresser
Avec le son de ses paroles
Et le parfum de son baiser.

———

RÉPONSE

—

Ce que je te suis te donne du doute ?
Ma vie est à toi, si tu la veux, toute.
Et loin que je sois maître de tes vœux,
C'est toi qui conduis mon rêve où tu veux.

Avec la beauté du ciel, en toi vibre
Un rhythme fatal ; car mon âme libre
Passe de la joie aux âpres soucis
Selon que le veut l'arc de tes sourcils.

Que j'aye ton cœur ou que tu me l'ôtes,
Je te bénirai dans des rimes hautes,
Je me souviendrai qu'un jour je te plus
Et que je n'ai rien à vouloir de plus.

———

A UNE ATTRISTÉE D'AMBITION

—

Comme hier, vous avez les souplesses étranges
  Des tigresses et des jaguars,
Vos yeux dardent toujours sous leurs ombreuses franges
  L'or acéré de leurs regards.

Vos mains ont, comme hier, sous leurs teintes d'aurores
  Leur inexplicable vigueur ;
Elles trouvent encor sur les touches sonores
  Des accords qui frôlent le cœur.

Comme hier, vous vivez dans les fécondes fièvres
  Et dans les rêves exaltés,
Les mots étincelants s'échappent de vos lèvres,
  Echos des intimes clartés.

Trop heureuse en ce monde et trop bien partagée,
    Idéal et charnel pouvoir,
Vous avez tout, et vous êtes découragée,
    Comme un ciel d'automne, le soir.

❋

Ne rêvez pas d'accroître et de parfaire encore
    Les dons que vous a faits le ciel.
Ne changez pas l'attrait suprême, qui s'ignore,
    Pour un moindre, artificiel.

Il faut que la beauté, vivante, écrite ou peinte
    N'ait rien des soucis du chercheur.
Et si la rose avait à composer sa teinte
    Elle y perdrait charme et fraîcheur.

Dites-vous, pour chasser la tristesse rebelle,
    En ornant de fleurs vos cheveux,
Que, sans peine pour vous, ceux qui vous trouvent belle
    Sauront le dire à nos neveux.

COIN DE TABLEAU

Sensation de de Haschisch

—

Tiède et blanc était le sein.
Toute blanche était la chatte.
Le sein soulevait la chatte.
La chatte griffait le sein.

Les oreilles de la chatte
Faisaient ombre sur le sein.
Rose était le bout du sein,
Comme le nez de la chatte.

Un signe noir sur le sein
Intrigua longtemps la chatte ;
Puis, vers d'autres jeux, la chatte
Courut, laissant nu le sein.

SONNET ASTRONOMIQUE

—

Alors que finissait la journée estivale,
Nous marchions, toi pendue à mon bras, moi rêvant
Aux mondes inconnus dont je parle souvent.
Aussi regardais-tu chaque étoile en rivale.

Au retour, à l'endroit où la côte dévale,
Tes genoux ont fléchi sous le charme énervant
De la soirée et des senteurs qu'avait le vent.
Vénus, dans l'ouest doré, se baignait triomphale.

Puis, las d'amour, levant les yeux languissamment,
Nous avons eu tous deux un long tressaillement
Sous la sérénité du rayon planétaire.

Sans doute, à cet instant deux amants, dans Vénus,
Arrêtés en des bois aux parfums inconnus,
Ont, entre deux baisers, regardé notre terre.

———

SUR UN MIROIR

—

Toutes les fois, miroir, que tu lui serviras
A se mettre du noir aux yeux ou sur sa joue
La poudre parfumée, ou bien dans une moue
Charmante, son carmin aux lèvres, tu diras :

« Je dormais reflétant les vers, que sur l'ivoire
Il écrivit... Pourquoi de vos yeux de velours,
De votre chair, de vos lèvres, par ces atours,
Rendre plus éclatante encore la victoire ? »

Alors, si tu surprends quelque regard pervers,
Si de l'amour présent elle est distraite ou lasse,
Brise-toi, mais ne lui sers pas, petite glace,
A s'orner pour un autre, en riant de mes vers.

CROQUIS

—

SONNET

Beau corps, mais mauvais caractère.
Elle ne veut jamais se taire,
Disant, d'ailleurs d'un ton charmant,
Des choses absurdes vraiment.

N'ayant presque rien de la terre,
Douce au tact comme une panthère.
Il est dur d'être son amant;
Mais, qui ne s'en dit pas fou, ment.

Pour dire tout ce qu'on en pense
De bien et de mal, la science
Essaie et n'a pas réussi.

Et pourquoi faire? Elle se moque
De ce qu'on dit. Drôle d'époque
Où les anges sont faits ainsi.

A UNE CHATTE

—

Chatte blanche, chatte sans tache,
Je te demande, dans ces vers,
Quel secret dort dans tes yeux verts,
Quel sarcasme sous la moustache.

Tu nous lorgnes, pensant tout bas
Que nos fronts pâles, que nos lèvres
Déteintes en de folles fièvres,
Que nos yeux creux ne valent pas

Ton museau que ton nez termine,
Rose comme un bouton de sein,
Tes oreilles dont le dessin
Couronne fièrement la mine.

Pourquoi cette sérénité ?
Aurais-tu la clé des problèmes
Qui nous font, frissonnants et blêmes,
Passer le printemps et l'été ?

Devant la mort qui nous menace,
Chats et gens, ton flair, plus subtil
Que notre savoir, te dit-il
Où va la beauté qui s'efface,

Où va la pensée, où s'en vont
Les défuntes splendeurs charnelles ?...
Chatte, détourne les prunelles ;
J'y trouve trop de noir au fond.

EXCUSE

—

Aux arbres il faut un ciel clair,
L'espace, le soleil et l'air,
L'eau dont leur feuillage se mouille.
Il faut le calme en la forêt,
La nuit, le vent tiède et discret
Au rossignol, pour qu'il gazouille.

Il le faut, dans les soirs joyeux,
Le triomphe ; il le faut des yeux
Eblouis de la beauté fière.
Au chercheur d'idéal il faut
Des âmes lui faisant là-haut
Une sympathique atmosphère.

Mais quand mauvaise est la saison,
L'arbre perd fleurs et frondaison.
Son bois seul reste, noir et grêle.
Et sur cet arbre dépouillé,
L'oiseau, grelottant et mouillé,
Reste muet, tête sous l'aile.

Ainsi la splendeur, sur le fond
Que les envieuses le font,
Perd son nonchaloir et sa grâce.
Chez les nuls, qui ne voient qu'hier,
Le poète, interdit et fier,
Rêvant l'art de demain, s'efface.

Arbres, oiseaux, femmes, rêveurs
Perdent dans les milieux railleurs
Feuillage, chant, beauté, puissance.
Dans la cohue où tu te plais,
Regarde-moi, regarde-les,
Et tu comprendras mon silence.

PLAINTE

Vrai sauvage égaré dans la ville de pierre,
A la clarté du gaz je végète et je meurs.
Mais vous vous y plaisez; et vos regards charmeurs
M'attirent à la mort, parisienne fière.

Je rêve de passer ma vie en quelque coin
Sous les bois verts ou sur les monts aromatiques,
En Orient, ou bien près du pôle, très-loin,
Loin des journaux, de la cohue et des boutiques.

Mais vous aimez la foule et les éclats de voix,
Le bal de l'opéra, le gaz et la réclame.
Moi, j'oublie, à vous voir, les rochers et les bois,
Je me tue à vouloir me civiliser l'âme.

Je vous ennuie à vous le dire si souvent :
Je mourrai, papillon brûlé, si cela dure...
Vous feriez bien pourtant, vos cheveux noirs au vent,
En clair peignoir ruché, sur un fond de verdure !

LENTO

—

Je veux ensevelir au linceul de la rime
Ce souvenir, malaise immense qui m'opprime.

*

Quand, j'aurai fait ces vers, quand tous les auront lus
Mon mal vulgarisé ne me poursuivra plus.

*

Car ce mal est trop grand pour que seul je le garde.
Aussi, j'ouvre mon âme à la foule criarde.

Assiégez le réduit de mes rêves défunts,
Et dispersez ce qu'il y reste de parfums.

Piétinez le doux nid de soie et de fourrures ;
Fondez l'or, arrachez les pierres des parures.

Faussez les instruments. Encrassez les lambris ;
Et vendez à l'encan ce que vous aurez pris.

✱

Pour que, si quelque soir l'obsession trop forte
M'y ramène, plus rien n'y parle de la morte.

Que pas un coin ne reste intime, indéfloré.
Peut-être, seulement alors je guérirai.

♈

(Avec des rhythmes lents, j'endors ma rêverie
Comme une mère fait de son enfant qui crie.)

♈

Un jour, j'ai mis mon cœur dans sa petite main
Et, tous en fleur, mes chers espoirs du lendemain.

L'amour paye si bien des trésors qu'on lui donne !
Et l'amoureuse était si frêle, si mignonne !

Si mignonne qu'on l'eût prise pour une enfant
Trop tôt belle et que son innocence défend.

*

Mais, elle m'a livré sa poitrine de femme,
Dont les soulèvements semblaient trahir une âme.

Elle a baigné mes yeux des lueurs de ses yeux,
Et mes lèvres de ses baisers délicieux.

(Avec des rythmes doux, j'endors ma rêverie
Comme une mère fait de son enfant qui crie.)

Mais, il ne faut pas croire à l'âme des contours,
A la pensée enclose en deux yeux de velours.

*

Car un matin, j'ai vu que ma chère amoureuse
Cachait un grand désastre en sa poitrine creuse.

J'ai vu que sa jeunesse était un faux dehors,
Que l'âme était usée et les doux rêves morts.

J'ai senti la stupeur d'un possesseur avide
Qui trouve, en s'éveillant, sa maison nue et vide.

*

J'ai cherché mes trésors. Tous volés ou brisés !
Tous, jusqu'au souvenir de nos premiers baisers!

Au jardin de l'espoir, l'âpre dévastatrice
N'a rien laissé, voulant que rien n'y refleurisse.

J'ai ramassé mon cœur, mi-rongé dans un coin,
Et je m'en suis allé je ne sais où, bien loin.

♉

(Avec des rhythmes sourds, j'endors ma rêverie
Comme une mère fait de son enfant qui crie.)

♉

C'est fièrement, d'abord, que je m'en suis allé
Pensant qu'aux premiers froids, je serais consolé.

❆

Simulant l'insouci, je marchais par les rues.
Toutes, nous les avions ensemble parcourues !

Je n'ai pas même osé fuir le mal dans les bois.
Nous nous y sommes tant embrassés autrefois !

Fermer les yeux ? Rêver? Je n'avais pas dans l'âme
Un coin qui n'eût gardé l'odeur de cette femme

❊

J'ai donc voulu, sentant s'effondrer ma raison,
La revoir, sans souci de sa défloraison.

Mais, je n'ai plus trouvé personne dans sa forme.
Alors le désespoir m'a pris, lourd, terne, énorme.

Et j'ai subi cela des mois, de bien longs mois,
Si fort, qu'en trop parler me fait-trembler la voix.

Maintenant c'est fini. Souvenir qui m'opprimes,
Tu resteras, glacé, sous ton linceul de rimes.

RANCŒUR LASSE

—

Malgré sa folle trahison
N'est-elle pas encor la même ?
La fierté n'est plus de saison.
        Je l'aime.

*

Je sais qu'elle reste, malgré
D'impurs contacts, vierge éternelle,
Qu'aucun venin n'a pénétré
        En elle.

Marbre trop charnel qui subit
Toutes souillures, mais les brave ;
Puisque la pluie, en une nuit,
     Le lave,

Même au temps des premiers regards,
Je la savais vaine et perverse.
Mais l'âme aux menaçants hasards
     Se berce.

Fermant les yeux, je me livrais
A sa suavité malsaine,
Pensant bien que j'en porterais
     La peine.

Mordu, mourant, d'avoir serré
Sur moi poitrine la panthère,
J'en veux rester fier, et saurai
     Me taire.

Ce mois d'avril, je veux bannir
De mon cœur les rêves moroses.
Je veux orner son souvenir
     De roses.

Et je reprends la liberté
D'adorer sa grâce suprême.
Tel que j'étais je suis resté.
    Je l'aime.

———

DIAMANT ENFUMÉ

—

Il est des diamants aux si rares lueurs
Que, pris par les voleurs ou perdus dans la rue,
Ils retournent toujours aux rois leurs possesseurs.
Ainsi j'ai retrouvé ma chère disparue.

Mais quelquefois, brisée, à des marchands divers
La pierre est revendue, à moins qu'un aspect rare
Ne la défende. En leurs couleurs, en leurs éclairs,
Ses débris trahiraient le destructeur barbare.

Aussi, je n'ai plus peur, diamant vaguement
Enfumé, mais unique en ta splendeur voilée,
De te perdre. Toujours vers moi, ton seul amant,
Chère, tu reviendras des mains qui t'ont volée.

7

AUTOMNE

AUTOMNE

—

SONNET

A Mademoiselle S. de L. C.

Les saphirs durs et froids, voilés par la buée
De l'orgueilleuse chair, ressemblent à ces yeux
D'où jaillissent de bleus rayons silencieux,
Inquiétants éclairs d'un soir chaud, sans nuée.

Couvrant le front, comme au hasard distribuée,
La chevelure flotte en tourbillons soyeux.
La bouche reste grave et sans moue, aimant mieux
S'ouvrir un peu, de sa fraîcheur infatuée.

Cette bouche immuable et ces cheveux châtains,
Ces yeux, suivant dans l'air d'invisibles lutins,
Ont l'implacable attrait du masque de la Fable.

Mais non ; car dans ces traits placides rien ne ment ;
Et parfois ce regard révèle, en un moment,
La vérité suprême, absolue, ineffable.

A UNE JEUNE FILLE

—

Pourquoi, tout-à-coup, quand tu joues,
Ces airs émus et soucieux ?
Qui te met cette fièvre aux yeux,
Ce rose marbré sur les joues ?

Ta vie était, jusqu'au moment
Où ces vagues langueurs t'ont prise,
Un ruisseau que frôlait la brise,
Un matinal gazouillement.

Comme la beauté se révèle
Au-dessus de toute beauté,
Comme ton cœur semble emporté
Vers une existence nouvelle,

Comme en de mystiques ardeurs
Tu laisses planer haut ton âme,
Comme tu te sens naître femme
A ces printanières odeurs,

Peut-être que la destinée
Te montre un glorieux chemin ;
Peut-être ta nerveuse main
Mènera la terre enchaînée.

*

A coup sûr, tu ne seras pas
Epouse heureuse, douce mère ;
Aucun attachement vulgaire
Ne peut te retenir en bas.

As-tu des influx de victoire
Dans tes beaux yeux clairs, pleins d'orgueil,
Comme en son virginal coup d'œil
Jeanne d'Arc, de haute mémoire ?

Dois-tu fonder des ordres saints,
Etre martyre ou prophétesse ?
Ou bien écouter l'âcre ivresse
Du sang vif qui gonfle les seins ?

Doit-tu, reine, bâtir des villes
Aux inoubliables splendeurs,
Et pour ces vagues airs boudeurs
Faire trembler les foules viles ?

Va donc ! tout ploiera sous les pas,
Que tu sois la vierge idéale
Ou la courtisane fatale...
Si la mort ne t'arrête pas.

SUR UN ÉVENTAIL

—

SONNET

J'écris ici ces vers pour que, le soir, songeant
A tous les rêves bleus que font les demoiselles,
Vous laissiez sur vos yeux, placides lacs d'argent,
Tournoyer ma pensée et s'y mouiller les ailes.

Peut-être, près de vous assis, se rengorgeant,
Quelque beau cavalier vous dit des choses telles,
Qu'à votre indifférence une fois dérogeant
Vous laisseriez faiblir vos froideurs immortelles.

Mais sur votre éventail, voici que par hasard
Incertain et distrait tombe votre regard ;
Et vous lisez mes vers dont pâlit l'écriture.

Oh ! ne l'écoutez pas celui qui veut ployer
Votre divinité froide aux soins du foyer
Et faire de Diane une bourgeoise obscure.

———

VERS AMOUREUX

—

Comme en un préau d'hôpital de fous
Le monde anxieux s'empresse et s'agite
Autour de mes yeux, poursuivant au gite
Le rêve que j'ai quand je pense à vous.

Mais n'en pouvant plus, pourtant, je m'isole
En mes souvenirs. Je ferme les yeux ;
Je vous vois passer dans des lointains bleus,
Et j'entends le son de votre parole.

❋

Pour moi, je m'ennuie en ces temps railleurs.
Je sais que la terre aussi vous obsède.
Voulez-vous tenter (étant deux on s'aide)
Une évasion vers des cieux meilleurs ?

SUPPLICATION

—

SONNET

Tes yeux, impassibles sondeurs
D'une mer polaire idéale,
S'éclairent parfois des splendeurs
Du rire, aurore boréale.

Ta chevelure, en ces odeurs
Fines et chaudes qu'elle exhale,
Fait rêver aux tigres rôdeurs
D'une clairière tropicale.

Ton âme a ces aspects divers :
Froideur sereine des hivers,
Douceur trompeuse de la fauve.

Glacé de froid, ou déchiré
A belles dents, moi, je mourrai
A moins que ton cœur ne me sauve.

POSSESSION

—

Puisque ma bouche a rencontré
Sa bouche, il faut me taire. Trève
Aux mots creux. Je ne montrerai
Rien qui puisse trahir mon rêve.

✻

Il faut que je ne dise rien
De l'odeur de sa chevelure,
De son sourire aérien,
Des bravoures de son allure,

Rien des yeux aux regards troublants,
Persuasifs, cabalistiques,
Rien des épaules, des bras blancs
Aux effluves aromatiques.

✻

Je ne sais plus faire d'ailleurs
Une si savante analyse,
Possédé de rêves meilleurs
Où ma raison se paralyse.

Et je me sens comme emporté,
Epave en proie au jeu des vagues,
Par le vertige où m'ont jeté
Ses lèvres tièdes, ses yeux vagues.

*

On se demandera d'où vient
L'influx tout puissant qui m'oppresse,
Mais personne n'en saura rien
Que moi seul... et l'Enchanteresse.

Elle s'est endormie un soir, croisant ses bras,
Ses bras souples et blancs sur sa poitrine frêle,
Et fermant pour toujours ses yeux clairs, déjà las
De regarder ce monde, exil trop lourd pour Elle.

Elle vivait de fleurs, de rêves, d'idéal,
Ame, incarnation de la Ville éternelle.
Lentement étouffée, et d'un semblable mal,
La splendeur de Paris s'est éteinte avec Elle.

Et pendant que son corps attend pâle et glacé
La résurrection de sa beauté charnelle,
Dans ce monde où, royale et douce, Elle a passé,
Nous ne pouvons rester qu'en nous souvenant d'Elle.

———

DÉLABREMENT

—

Comme un appartement vide aux sales plafonds,
Aux murs nus, écorchés par les clous des peintures,
D'où sont déménagés les meubles, les tentures,
Où le sol est jonché de paille et de chiffons,

Ainsi, dévasté par les destins, noirs bouffons,
Mon esprit s'est rempli d'échos, de clartés dures.
Les tableaux, rêves bleus et douces aventures,
N'ont laissé que leur trace écrite en trous profonds.

Que la pluie et le vent par la fenêtre ouverte
Couvrent de moisissure âcre et de mousse verte
Tous ces débris, horreur des souvenirs aimés !

Qu'en ce délabrement, une nouvelle hôtesse
Ne revienne jamais traîner avec paresse,
Sur de nouveaux tapis, ses peignoirs parfumés !

BALLADE DU DERNIER AMOUR

—

Mes souvenirs sont si nombreux
Que ma raison n'y peut suffire.
Pourtant je ne vis que par eux.
Eux seuls me font pleurer et rire.
Le présent est sanglant et noir ;
Dans l'avenir qu'ai-je à poursuivre ?
Calme frais des tombeaux, le soir...
Je me suis trop hâté de vivre

Amours heureux ou malheureux,
Lourds regrets, satiété pire,
Yeux noirs veloutés, clairs yeux bleus,
Aux regards qu'on ne peut pas dire,
Cheveux noyant le démêloir
Couleur d'or, d'ébène ou de cuivre,
J'ai voulu tout voir, tout avoir.
Je me suis trop hâté de vivre.

8

Je suis las. Plus d'amour. Je veux
Vivre seul, pour moi seul décrire
Jusqu'à l'odeur de tes cheveux,
Jusqu'à l'éclair de ton sourire,
Dire ton royal nonchaloir,
T'évoquer entière en un livre
Pur et vrai comme ton miroir.
Je me suis trop hâté de vivre

ENVOI

Ma chanson, vapeur d'encensoir,
Chère envolée, ira te suivre.
En tes bras j'espérais pouvoir
Attendre l'heure qui délivre ;
Tu m'a pris mon tour. Au revoir.
Je me suis trop hâté de vivre.

VILLÉGIATURE

—

FRAGMENT

C'est moi seul que je veux charmer, en écrivant
Les rêves bienheureux que me dicte le vent,
Les souvenirs que j'ai des baisers de sa bouche,
De ses yeux, ciels troublés où le soleil se couche,
Des frissons que mon cou garde de ses bras blancs,
De l'abandon royal qui me livrait ses flancs.

Or que le vent discret fait chuchoter les chênes
Et que le soleil soûle, aux clairières prochaines,
Vipères et lézards endormis dans le thym,
Couché sur le sol sec, je pense au temps lointain.
Je me dis que je vois encor le ciel, et qu'Elle
Ame superbe, fleur de beauté, splendeur frêle,
Arrivée après moi, s'en est allée avant.

Et j'écoute les chants tristes que dit le vent.

La mouche désœuvrée et la fourmi hâtive
Ne veulent pas qu'aux bois l'on rêve et l'on écrive,
Aussi les guêpes, les faucheux, les moucherons...
Je vais, le long des blés, cueillir des liserons
A la suavité mystérieuse, amère,
Comme le souvenir d'une joie éphémère.

Les champs aussi sont pleins d'insectes affairés,
Foule de gens de tous aspects, de tous degrés.
Noir serrurier, en bas, le frelon lime et grince.
Le frelon, ventru comme un riche de province,
Prend les petites fleurs entre ses membres courts.
Les papillons s'en vont à leurs brèves amours
Sous leurs manteaux de soie et d'or. La libellule
Effleure l'herbe avec un dédain ridicule.
C'est la ville.
　　　　　　Et je pense à la ville, aux humains,
Aux fiers amis, aux bals où je pressais ses mains ;
Malgré que la bêtise et l'intrigue hâtive
N'y souffrent pas non plus qu'on rêve et qu'on écrive

. . . .

DÉBRIS

DÉBRIS

TROIS QUATRAINS

A Madame M.

Au milieu du sang, au milieu du feu,
Votre âme limpide, ainsi qu'un ciel bleu,
Répand sa rosée en fraîches paroles
Sur nos cœurs troublés, mourantes corolles.

Et nous oublions, à vos clairs regards,
L'incendie et ses rouges étendards
Flottant dans la nuit. Votre voix perlée
Couvre le canon sombre et la mêlée.

Vous nous faites voir, fier ange de paix,
Que l'horreur n'est pas sur terre à jamais,
Et qu'il nous faut croire au bon vent qu'apporte
L'avenir, que la grâce n'est pas morte.

PAROLES PERDUES

—

A STÉPHANE MALLARMÉ

Après le bain, la chambrière
Vous coiffe. Le peignoir ruché
Tombe un peu. Vous écoutez, fière,
Les madrigaux de la psyché.

Mais la psyché pourtant, Madame,
Vous dit : « Ce corps vainement beau,
Caduc abri d'un semblant d'âme
Ne peut éviter le tombeau.

Alors cette masse charnelle
Quittera les os, et les vers
Fourmillant en chaque prunelle
Y mettront de vagues éclairs.

Plus de blanc, mais la terre brune
Sur la face osseuse. Le soir,
Plus de lustres flambants : La lune. »
C'est ce que dit votre miroir.

Vous écoutez sa prophétie
D'un air bestialement fier.
Car la femme ne se soucie
Pas plus de demain que d'hier.

BONNE FORTUNE

—

A THÉODORE DE BANVILLE

Tête penchée,
        CEil battu,
Ainsi couchée
        Qu'attends-tu?

Sein qui tressaille,
        Pleurs nerveux,
Fauve broussaille
        De cheveux,

Frissons de cygnes
        Sur les flancs,
Voilà des signes
        Trop parlants.

Tu n'es que folle
   De ton corps.
Ton âme vole
   Au dehors.

Qu'un autre vienne,
   Tu feras
La même chaîne
   De tes bras.

Je hais le doute,
   Et, plus fier,
Je le veux toute,
   Âme et chair.

C'est moi (pas l'autre !)
   Qui t'étreins
Et qui me vautre
   Sur tes seins.

Connais, panthère,
   Ton vainqueur
Ou je fais taire
   Ta langueur.

Attache et sangle
   Ton esprit,
Ou je t'étrangle
   Dans ton lit.

VOCATION

—

A ÉTIENNE CARJAT

Jeune fille du caboulot,
De quel pays es-tu venue
Pour étaler la gorge nue
Aux yeux du public idiot ?

Jeune fille du caboulot,
Il te déplaisait au village
De voir meurtrir, dans le bel âge
Ton pied mignon par un sabot.

Jeune fille du caboulot,
Tu ne pouvais souffrir Nicaise,
Ni les canards qu'encor niaise
Tu menais barbotter dans l'eau.

Jeune fille du caboulot,
Ne penses-tu plus à ta mère
À la charrue, à ta chaumière ?...
Tu ne ris pas à ce tableau.

Jeune fille du caboulot,
Tu préfères à la charrue
Écouter les bruits de la rue
Et nous verser l'absinthe à flot.

Jeune fille du caboulot,
Ta mine rougeaude était sotte
Je t'aime mieux ainsi, pâlotte,
Les yeux cernés d'un bleu halo.

Jeune fille du caboulot,
Dit un sermonneur qui t'en blâme,
Tu t'ornes le corps plus que l'âme,
Vers l'enfer tu cours au galop.

Jeune fille du caboulot,.
Que dire à cet homme qui plaide
Qu'il faut, pour bien vivre, être laide,
Lessiver et se coucher tôt ?

Jeune fille du caboulot,
Laisse crier et continue
A charmer de la gorge nue
Les yeux du public idiot.

PROMENADE

—

A EMMANUEL DES ESSATS

C'est pas d'hier que d'exquises poses
Me l'ont révélée, un jour qu'en rêvant
J'allais écouter les chansons du vent.

Ce n'est pas d'hier que les teintes roses
Qui passent parfois sur sa joue en fleur
M'ont parlé matin aurore, fraîcheur,

Que ses clairs yeux bleus et sa chevelure
Noire, sur la nuque et sur le front blancs,
Ont fait naître en moi les désirs troublants,

Que, dans ses repos et dans son allure,
Un charme absolu, chaste, impérieux,
Pour toute autre qu'Elle a voilé mes yeux.

Ce n'est pas d'hier. Puis le cours des choses
S'assombrit. Je crus à jamais les roses
Mortes au brutal labour du canon.

Alors j'aurais pu tomber sous les balles
Sans que son nom vînt sur mes lèvres pâles
— Car je ne sais pas encore son nom.

Puis l'étude austère aux heures inertes,
L'ennui de l'été dans les ombres vertes,
M'ont fait oublier d'y penser souvent.

Voici refleurir, comme avant ces drames,
Les bleuets, les lys, les roses, les femmes,
Et puis Elle avec sa beauté d'avant.

Dans le grand jardin, quand je vous retrouve,
Si je ralentis, pour vous voir, mes pas,
Peureuse ou moqueuse, oh! ne fuyez pas!

Me craindre?... Depuis que cet amour couve
En mon cœur, je n'ai même pas osé
Rêver votre bras sur le mien posé.

Qu'est-ce que je viens faire en votre vie,
Intrus désœuvré? Voilà votre enfant
Qui joue à vos pieds et qui vous défend.

Aussi, j'ai compris, vous ayant suivie,
Ce qu'ont demandé vos yeux bleus et doux :
« Mon destin est fait, que me voulez-vous? »

Mais, c'est bien assez, pour qu'en moi frissonne
L'ancien idéal et sa floraison
De vous voir passer sur mon horizon !

Car l'âme, à l'étroit dans votre personne,
Dépasse la chair et rayonne autour,
— Aurore où s'abreuve et croît mon amour.

Diamants tremblant aux bords des corolles,
Fleur des pêches, nacre, or des papillons
S'effacent pour peu que nous les froissions.

Ne craignez donc pas d'entreprises folles.
Car je resterai, si cela vous plaît,
Esclave lointain, inconnu, muet.

SEPT SONNETS

SEPT SONNETS

I

MORALE

POUR LE TOMBEAU DE THÉOPHILE GAUTIER

Orner le monde avec son corps, avec son âme,
Être aussi beau qu'on peut dans nos sombres milieux
Dire haut ce qu'on rêve et qu'on aime le mieux,
C'est le devoir, pour tout homme et pour toute femme.

Les gens déshérités du ciel, qui n'ont ni flamme
Sous le front, ni rayons attirants dans les yeux,
Théophile Gautier, t'ont jugé vicieux,
Immoral. Mais le vent moqueur a pris leur blâme.

La splendeur de ta vie et les vers scintillants
Te défendent, ainsi que les treize volants
Gardent rose, dans leurs froufrous, la Moribonde.

Elle et toi, jeunes, beaux, pour ceux qui t'auront lu
Vous vivrez. C'est le prix de quiconque a voulu
Avec son corps, avec son âme orner le monde.

II

DON JUAN

A ANTOINE CROS

Au bord d'un étang bleu dont l'eau se ride
Sous le vent discret d'une nuit d'été,
Parmi les jasmins, foulant l'herbe humide
Avez-vous jamais, rêveur, écouté

La voix de la vierge émue et timide
Qui furtive, un soir, pour vous a quitté
Le foyer ami — depuis froid et vide —
Où, les parents morts, plus rien n'est resté ?

Parfum de poison, volupté cruelle
D'avoir arraché du sol ce lys frêle
Et d'avoir hâté l'œuvre des tombeaux...

O destruction de quels âpres charmes
Es-tu donc parée ? Et, voilés de larmes,
Pourquoi les yeux clairs en sont-ils plus beaux ?

III

CONSEIL

Quand sur vos cheveux blonds, et fauves au soleil,
Vous mettez des rubans de velours noir, méchante,
Je pense au tigre dont le pelage est pareil :
Fond roux, rayé de noir, splendeur de l'épouvante.

Quand le rire fait luire, au calice vermeil
De vos lèvres, l'éclair de nacre inquiétante,
Quand s'émeut votre joue en feu, c'est un réveil
De tigre : miaulements, dents blanches, mort qui tente.

Et puis, regardez-vous. Même sans ce velours,
Quoique plus belle, enfin vous ressemblez toujours
A celui que parfois votre bouche dénigre.

D'ailleurs si vous tombiez sous sa griffe, une fois ?
On ne peut pas savoir qui l'on rencontre au bois :
Madame, il ne faut pas dire de mal du tigre.

IV

MEMENTO

A MICHEL EUDES

Les êtres trépignants, amoureux de l'utile,
Passent le temps fuyard à des combinaisons
D'actions au porteur, de canaux, de maisons
De commerce, où leur sens s'éteint ou se mutile.

D'autres ont ici-bas un but aussi futile,
Fabriquant des tableaux, des vers, des oraisons,
Cela, pour que leur nom, durant quelques saisons,
Près des noms des chevaux vainqueurs au turf, rutile.

Vous avez pris la vie autrement. Vous pensez
Que l'agitation incessante, illusoire,
N'est pas œuvre de dieu, mais rôle d'infusoire.

A rire en plein soleil croyez bien dépensés
Les lugubres instants d'un monde provisoire,
Et n'enlaidissez pas comme les gens sensés.

V

RÉVOLTE

Absurde et ridicule à force d'être rose,
A force d'être blanche, à force de cheveux
Blonds, ondés, crépelés, à force d'avoir bleus
Les yeux, saphirs trop vains de leur métempsychose.

Absurde, puisqu'on n'en peut pas parler en prose,
Ridicule, puisqu'on n'en a jamais vu deux,
Sauf, peut-être, dans des keepsakes nuageux...
Dépasser le réel ainsi c'est de la pose.

C'en est même obsédant, puisque le vert des bois
Prend un ton d'émeraude impossible en peinture
S'il sert de fond à ces cheveux contre nature.

Et ces blancheurs de peau sont cause quelquefois
Qu'on perdrait tout respect des blancheurs que le rite
Classique admet : les lys, la neige. Ça m'irrite !

VI

.

SONNET MÉTAPHYSIQUE

Dans ces cycles, si grands que l'âme s'en effraie,
L'impulsion première en mouvement voulus
S'exerce. Mais plus loin la Loi ne règne plus :
La nébuleuse est, comme au hasard, déchirée.

Le monde contingent où notre âme se fraie
Péniblement la route au pays des élus,
Comme au delà du ciel ces tourbillons velus
S'agite discordant dans la valse sacrée.

Et puis en pénétrant dans le cycle suivant,
Monde que n'atteint pas la loupe du savant,
Toute puissante on voit régner la Loi première.

Et sous le front qu'en vain bat la grêle et le vent
Les mondes de l'idée échangeant leur lumière
Tournent équilibrés dans un rhythme vivant.

VII

HEURES SEREINES

A VICTOR MEUNIER

J'ai pénétré bien des mystères
Dont les humains sont ébahis :
Grimoires de tous les pays,
Etres et lois élémentaires.

Les mots morts, les nombres austères
Laissaient mes espoirs engourdis ;
L'amour m'ouvrit ses paradis
Et l'étreinte de ses panthères.

Le pouvoir magique à mes mains
Se dérobe encore. Aux jasmins
Les chardons ont mêlé leurs haines.

Je n'en pleure pas ; car le Beau
Que je rêve, avant le tombeau,
M'aura fait des heures sereines.

ÉCOLE

BUISSONNIÈRE

ECOLE BUISSONNIÈRE

——

DISTRAYEUSE

—

A Madame N.

Ma chambre est pleine de parfums. Sur la table basse, dans des corbeilles, il y a du réséda, du jasmin et toutes sortes de petites fleurs rouges, jaunes et bleues.

Blondes émigrantes du pays des longs crépuscules, du pays des rêves, les visions débarquent dans ma fantaisie. Elles y courent, y crient et s'y pressent tant, que je voudrais les en faire sortir.

Je prends des feuilles de papier bien blanc et bien lisse, et des plumes couleur d'ambre qui glissent sur le papier avec des cris d'hirondelles. Je veux donner aux visions inquiètes l'abri du rhythme et de la rime.

Mais voilà que sur le papier blanc et lisse, où glissait ma plume en criant comme une hirondelle sur un lac, tombent des fleurs de réséda, de jasmin et d'autres petites fleurs rouges, jaunes et bleues.

C'était Elle, que je n'avais pas vue et qui secouait les bouquets des corbeilles sur la table basse.

Mais les visions s'agitaient toujours et voulaient repartir. Alors, oubliant qu'Elle était là, belle et blanche, j'ai soufflé contre les petites fleurs semées sur le papier et je me suis repris à courir après les visions, qui, sous leurs manteaux de voyageuses, ont des ailes traîtresses.

J'allais en emprisonner une, — sauvage fille au regard vert, — dans une étroite strophe,

Quand Elle est venue s'accouder sur la table basse, à côté de moi, si bien que ses seins irritants caressaient le papier lisse.

Le dernier vers de la strophe restait à souder. C'est ainsi qu'Elle m'en a empêché, et que la vision au regard vert s'est enfuie, ne laissant dans la strophe ouverte que son manteau de voyageuse et un peu de la nacre de ses ailes.

Oh! la distrayeuse!... J'allais lui donner le baiser qu'elle attendait, quand les visions remuantes, les chères émigrantes aux odeurs lointaines ont reformé leurs danses dans ma fantaisie.

Aussi, j'ai oublié encore qu'Elle était là, blanche et nue. J'ai voulu clore l'étroite strophe par le dernier vers, indestructible chaîne d'acier idéal, niellée d'or stellaire, qu'incrustaient les splendeurs des couchants cristallisées dans ma mémoire.

Et j'ai un peu écarté de la main ses seins gonflés de désirs irritants, qui masquaient sur le papier lisse la place du dernier vers. Ma plume a repris son vol, en criant comme l'hirondelle qui rase un lac tranquille, avant l'orage.

Mais voilà qu'Elle s'est étendue, belle, blanche et nue, sur la table basse, au-dessous des corbeilles, cachant sous son beau corps alangui la feuille entière de papier lisse.

Alors les visions se sont envolées toutes bien loin, pour ne plus revenir.

Mes yeux, mes lèvres et mes mains se sont per-

dus dans l'aromatique broussaille de sa nuque,
sous l'étreinte obstinée de ses bras et sur ses seins
gonflés de désirs.

Et je n'ai plus vu que ce beau corps alangui,
tiède, blanc et lisse, où tombaient, des corbeilles
agitées, les résédas, les jasmins et d'autres petites
fleurs rouges, jaunes et bleues.

LE MEUBLE

—

*Il m'a fallu avoir le regard bien rapide, l'o-
reille bien fine, l'attention bien aiguisée,*

*Pour découvrir le mystère du meuble, pour pé-
nétrer derrière les perspectives de marqueterie, pour
atteindre le monde imaginaire à travers les petites
glaces.*

*Mais j'ai enfin entrevu la fête clandestine, j'ai
entendu les menuets minuscules, j'ai surpris les
intrigues compliquées qui se tramenl dans le
meuble.*

On ouvre les battants, on voit comme un salon

pour des insectes, on remarque les carrelages blancs, bruns et noirs en perspective exagérée.

Une glace au milieu, une glace à droite, une glace à gauche, comme les portes dans les comédies symétriques. En vérité ces glaces sont des portes ouvertes sur l'imaginaire.

Mais une solitude évidemment inaccoutumée, une propreté dont on cherche le but en ce salon où il n'y a personne, un luxe sans raison pour un intérieur où ne règnerait que la nuit.

On est dupe de cela, on se dit « c'est un meuble et voilà tout », on pense qu'il n'y a rien derrière les glaces que le reflet de ce qui leur est présenté.

Insinuations qui viennent de quelques part, mensonges soufflés à notre raison par une politique voulue, ignorances où nous tiennent certains intérêts que je n'ai pas à définir.

Pourtant je n'y veux plus mettre de prudence, je me moque de ce qui peut en arriver, je n'ai pas souci des rancunes fantastiques.

Quand le meuble est fermé, quand l'oreille des importuns est bouchée par le sommeil ou remplie des bruits extérieurs, quand la pensée des hommes s'appesantit sur quelque objet positif,

Alors d'étranges scènes se passent dans le salon du meuble ; quelques personnages de taille et d'aspect insolites sortent des petites glaces ; certains groupes, éclairés par des lueurs vagues, s'agitent en ces perspectives exagérées.

Des profondeurs de la marqueterie, de derrière les colonnades simulées, du fond des couloirs postiches ménagés dans le revers des battants,

S'avancent, en toilettes surannées, avec une démarche frétillante et pour une fête d'almanach extra-terrestre,

Des élégants d'une époque de rêve, des jeunes filles cherchant un établissement en cette société de reflets et enfin les vieux parents, diplomates ventrus et douairières couperosées.

Sur le mur de bois poli, accrochées on ne sait comment, les girandoles s'allument. Au milieu de la salle, pendu au plafond qui n'existe pas, resplendit un lustre surchargé de bougies roses, grosses et longues comme des cornes de limaçons. Dans des cheminées imprévues, des feux flambent comme des vers-luisants.

Qui a mis là ces fauteuils, profonds comme des coques de noisettes et disposés en cercle, ces tables surchargées de rafraîchissements immatériels ou d'enjeux microscopiques, ces rideaux somptueux — et lourds comme des toiles d'araignée ?

Mais le bal commence. L'orchestre, qu'on crôirait composé de hannetons, jette ses notes, pétillements et sifflements imperceptibles. Les jeunes gens se donnent la main et se font des révérences.

Peut-être même quelques baisers d'amour fictif s'échangent à la dérobée, des sourires sans idée se dissimulent sous les éventails en ailes de mouche, des fleurs fanées dans les corsages sont demandées et données en signe d'indifférence réciproque.

Combien cela dure-t-il ? Quelles causeries s'élèvent dans ces fêtes ? Où va ce monde sans substance, après la soirée ?

On ne sait pas.

Puisque, si l'on ouvre le meuble, les lumières et les feux s'éteignent ; les invités, élégants, coquettes et vieux parents disparaissent pêle-mêle, sans souci de leur dignité, dans les glaces, couloirs et colonnades ; les fauteuils, les tables et les rideaux s'évaporent.

Et le salon reste vide, silencieux et propre;

Aussi tout le monde le dit « c'est un meuble de marqueterie et voilà tout », sans se douter qu'aussitôt le regard détourné,

De petits visages narquois se hasardent à sortir des glaces symétriques, de derrière les colonnes incrustées, du fond des couloirs postiches.

Et il faut un œil particulièrement exercé, minutieux et rapide, pour les surprendre quand ils s'éloignent en ces perspectives exagérées, lorsqu'ils se réfugient dans les profondeurs imaginaires des petites glaces, à l'instant où ils rentrent dans les cachettes irréelles du bois poli.

LE HARENG SAUR

Il était un grand mur blanc — nu, nu, nu,
Contre le mur une échelle — haute, haute, haute,
Et, par terre, un hareng saur — sec, sec, sec.

Il vient, tenant dans ses mains — sales, sales, sales,
Un marteau lourd, un grand clou — pointu, pointu, pointu
Un peloton de ficelle — gros, gros, gros.

Alors il monte à l'échelle — haute, haute, haute,
Et plante le clou pointu — toc, toc, toc,
Tout en haut du grand mur blanc — nu, nu, nu.

Il laisse aller le marteau — qui tombe, qui tombe, qui tombe

Attache au clou la ficelle — longue, longue, longue.
Et, au bout, le hareng saur — sec, sec, sec.

Il redescend de l'échelle — haute, haute, haute,
L'emporte avec le marteau — lourd, lourd, lourd;
Et puis, il s'en va ailleurs, — loin, loin, loin.

Et, depuis, le hareng saur — sec, sec, sec,
Au bout de cette ficelle — longue, longue, longue,
Très-lentement se balance—toujours, toujours, toujours

J'ai composé cette histoire, — simple, simple, simple,
Pour mettre en fureur les gens — graves, graves, graves
Et amuser les enfants — petits, petits, petits.

MADRIGAL

Traduit de dessus un éventail de Lady Emma Hamilton

—

Le temps, implacable alchimiste, épuisera le chaud parfum du santal.

Mais ces mots, écrits sur votre éventail, subsisteront, et vous y trouverez encore les immatériels parfums du souvenir.

Alors le tableau de votre éclatante jeunesse se déroulera dans votre mémoire. Vous en serez éblouie et ravie, comme nous sommes éblouis et ravis quand vos cheveux de cuivre se déroulent sur vos épaules.

*Puis après, le temps un instant dompté, repren-
dra son œuvre dévorante, et votre chair, aurore
palpable, sera emportée tout à coup par la colère
du sort ou de l'homme ; ou bien elle se desséchera
lentement au vent de la vieillesse, pour se dissou-
dre enfin dans la terre brune.*

*Cet éventail, aussi, vendu, acheté, revendu, sali
dans les tiroirs, brisé par les enfants, bibelot dédaigné des bric-à-brac, finira peut être dans un
clair incendie, ou bien épave d'égouts, il descendra
les rivières pour s'émietter, pourri, dans la mer
immense.*

*En attendant, gardez l'orgueil de votre chair
couleur d'aurore, laissez insolemment flamboyer
vos cheveux, jouez avec la perverse toute-puissance
de vos yeux transparents.*

*Car vous êtes l'anneau actuel de la perpétuelle
chaîne de beauté ; car ce qui a lui une fois, luit à
jamais dans l'absolu; car, à la symphonie de votre
vie, il faut un sévère et grandiose accord final.*

*D'ailleurs ces mots qui parlent de vous, transmis
de mémoire en mémoire, feront sans cesse revivre
la main souveraine qui a tenu cet éventail et la
chair qu'il a caressée de ses battements parfumés.*

SUR TROIS AQUATINTES

DE HENRY CROS

—

I

EFFAREMENT

Au milieu de la nuit, un rêve. Une gare de chemin de fer. Des employés portant des caractères cabalistiques sur leurs casquettes administratives. Des wagons à clairvoie chargés de dames-jeannes en fer battu. Les brouettes ferrées roulent avec des colis qu'on arrime dans les voitures du train.

Une voix de sous-chef crie : La raison de M. Igitur, à destination de la lune ! Un manœuvre vient et appose une étiquette sur le colis désigné — une dame-jeanne semblable a celles des wagons à clairvoie. Et, après la pesée à la bascule, on embarque. Le coup de sifflet du départ résonne, aigu, vertigineux et prolongé.

Réveil subit. Le coup de sifflet se termine en miaulement de chat de gouttière. M. Igitur s'élance, crève la vitre et plonge son regard dans le bleu sombre où plane la face narquoise de la lune.

II

VANITÉ SOUS-MARINE

Amphitrite rose et blonde passe avec sa suite dans un lointain glauque, sous l'eau de la mer du sud.

Comme les nymphes parisiennes qui vont au bois, elle conduit elle-même sa coquille de moule, délicieux coupé vernis en noir luisant, rechampi d'azur et de nacre.

La belle abandonne ses cheveux à la brise liquide et salée. Ses paupières se ferment à demi et ses narines rosées se dilatent de plaisir en cette course aventureuse.

Avec quelle arrogance ses beaux bras s'allongent et tendent les rênes, minces algues vertes, des deux hippocampes fougueux à la robe alezane claire !

C'est l'imprévue absurdité féminine, désastreuse et adorable, plus fière des étoffes achetées que des

blanches courbures de son sein, plus orgueilleuse de
la pure généalogie de son attelage que de la trans-
parence de ses prunelles.

Elle est attendue à quelque réunion de bienfaisance où des Néréides font la quête, escortées au
milieu de la foule par des tritons empesés dans
leur faux-col de cérémonie, et où les syrènes doi-
vent se faire entendre au profit des cités ouvrières
qui fabriquent le corail.

Elle arrivera en retard, un peu exprès, pour
faire une entrée à sensation au milieu du discours
officiel de M. Protée, organisateur zélé mais en-
nuyeux à entendre.

Elle arrivera en retard, car, heureuse d'être
regardée, même par les plus humbles citoyens
aquatiques, elle retient ses fringants hippocampes
et les fait piaffer sur place, feignant de ne pouvoir
obtenir qu'ils avancent.

N'est-ce pas d'ailleurs de la bienfaisance que de
charmer gratuitement les yeux de tant de pauvres
gens ?

III

LE VAISSEAU-PIANO

Le vaisseau file avec une vitesse éblouissante sur l'océan de la fantaisie,

Entraîné par les vigoureux efforts des rameurs, esclaves de diverses races imaginaires.

Imaginaires, puisque leurs profils sont tous inattendus, puisque leurs torses nus sont de couleurs rares ou impossibles chez les races réelles.

Il y en a de verts, de bleus, de rouge-carmin, d'orangés, de jaunes, de vermillons, comme sur les peintures murales égyptiennes.

Au milieu du vaisseau est une estrade surélevée et sur l'estrade un très-long piano à queue.

Une femme, la Reine des fictions, est assise devant le clavier. Sous ses doigts roses, l'instrument rend des sons veloutés et puissants qui couvrent le chu-

chôtement des vagues et les soupirs de force des rameurs.

L'océan de la fantaisie est dompté, aucune vague n'en sera assez audacieuse pour gâter le dehors du piano, chef-d'œuvre d'ébénisterie en palissandre miroitant, ni pour mouiller le feutre des marteaux et rouiller l'acier des cordes.

La symphonie dit la route aux rameurs et au timonier.

Quelle route ? et à quel port conduit-elle ? Les rameurs n'en savent trop rien, ni le timonier. Mais ils vont, sur l'océan de la fantaisie, toujours en avant, toujours plus courageux.

Voguer, en avant, en avant ! la Reine de la fiction le dit en sa symphonie sans fin. Chaque mille parcouru est du bonheur conquis, puisque c'est s'approcher du but suprême et ineffable, fût-il à l'infini inaccessible.

En avant, en avant, en avant !

L'HEURE FROIDE

—

AU COMTE FERDINAND DE STRADA

Les crépuscules du soir m'ont laissé tant de pierreries dans la mémoire, qu'il me suffit de prononcer ces mots « crépuscules du soir, splendeurs des couchants » pour évoquer à la fois les souvenirs solennels de vie antérieure et les ravissements de jeunesse enivrée.

Et puis, après le crépuscule, la douce nuit transparente ou bien encore la bonne nuit, épaisse comme des fourrures.

Alors, à Paris, le gaz s'allume. L'été, le gaz, brillant parmi les arbres des jardins, donne aux feuilles qu'on ne voit qu'en dessous, des tons verts

et mals de décor de féerie. L'hiver, le gaz dans le
brouillard raconte tous les délires du soir : le thé,
le vin chaud dans les familles, la bière et les nuages de tabac dans les cafés, les orchestres qui font
tourbillonner, à leur respiration vibrante, les élé-
gances de toutes classes,

Ou encore la nuit de travail : la lampe, le coin
du feu, aucune obsession bruyante.

Puis les étalages s'éteignent. Les réverbères offi-
ciels ont seuls le droit de jeter leur lueur austère.

Les passants deviennent plus rares. On rentre.
Les uns pensent à la chambre tranquille, au lit à
rideaux (bon endroit pour mourir); les autres
regrettent l'agitation interrompue et s'étourdis-
sent de chants et de cris en plein air. Quelques
querelles d'ivrognes.

Des dames en capeline sortent des soirées honnê-
tes; des vendeuses de volupté chuchotent leurs offres,
modestes à cause de l'heure avancée.

On marche. On écoute ses propres pas. Tout le
monde est rentré. Les bouchers, ensommeillés, re-
çoivent d'énormes moitiés de bœufs, des moutons
entrouverts et raidis.

Tout le monde est chez soi, égoïstement et lour-

dement endormi. Où aller ? Tout endroit hospita-
lier est fermé. Les feux sont éteints. À peine
trouverait-on quelques brins de braises dans les
cendres des foyers refroidis.

(Dans la vie antique, c'est à cette heure-là que
les dormeurs des orgies se font éveiller par les esclaves. On remet de l'huile aux lampes mourantes. On
sert à boire. On s'agite. On chante. Mais c'est
pour oublier la mortelle influence qui est sur la
maison. Aussi les plus forts sont pâles, bleuâtres,
des frissons indomptables traversent leurs os.)

Les transparences de la nuit deviennent dures ou
se voilent de brume. Oh ! il vaut mieux marcher.
Où aller ? C'est l'heure froide.

Minuit est la limite fictive, astronomique, entre
la veille et le lendemain. Mais l'heure froide est
l'instant vrai, humain où un autre jour va venir.
Il semble qu'à cette heure, il soit mis en question
pour chaque être, si ce jour qui vient s'ajoutera
à ceux qu'il a déjà vécus ou si le compte en est
fini pour lui.

Alors être seul chez soi, sans dormir, c'est
l'horreur. Il semble que l'ange de la mort plane
sur les hommes, profitant de leur sommeil implacable pour choisir sa proie pendant que nul ne
s'en doute.

Oh ! oui, à cette heure-là, on étoufferait, on râ-
lerait, on sentirait son cœur se rompre et le sang
tiède, fade, monter à la gorge, dans un dernier
spasme, que personne ne pourrait entendre, ne
voudrait sortir du sommeil pesant et sans rêves
qui empêche les terrestres de sentir l'heure froide.

LASSITUDE

—

Pendant de longues périodes dans la vie courte, je m'efforce à rassembler mes pensées qui s'enfuient, je cherche les visions des bonnes heures.

Mais je trouve que mon âme est comme une maison désertée par les serviteurs.

Le maître parcourt inquiet les corridors froids, n'ayant pas les clefs des pièces hospitalières où sont les merveilles qu'il a rapportées de tant de voyages.

Les ravissements, les instants où je savais tenir
l'univers en ma main royale, ont été bien courts et
bien rares. Presqu'aussi rares sont pour moi les
périodes de pensée normale. Le plus souvent je suis
impuissant, je suis fou ; ce dont je me cache au
dehors, sous les richesses conquises aux bonnes
heures.

Quelle drogue me rendra plus fréquente la pensée normale ? Quand je l'ai, quand elle se prolon-
ge, ma poitrine puissante me permet de monter là
où nulle senteur terrestre n'arrive plus, là où,
dans le ravissement, j'exerce ma royauté.

Après de mauvais sommeils (d'où viennent-ils ?)
voici que je ne suis plus là-haut. Je n'ai plus que
le regret de ce que j'y ai senti. A peine me reste-t-il
assez de lucidité et de courage pour rendre compte
aux hommes de ce que j'y ai fait et me justifier
auprès d'eux.

J'ai eu toutes les fiertés ; j'ai dédaigné les comp-
tes à rendre et les justifications.

Mais quand la fièvre pesante m'a égaré et fait
redescendre, puis-je vivre seul et sans soleil entre
des murs de haine ?

Pourtant, les efforts que je consens à faire, malgré ma lassitude, loin de m'être comptés, ne me désignent-ils pas plutôt à la fureur des empressés qui s'agitent en bas?

TABLE

SEPT PORTRAITS

PRINTEMPS

ÉTÉ

TABLE   173

ÉCOLE BUISSONNIÈRE

———

ACHEVÉ D'IMPRIMER POUR J. GAY ET FILS, ÉDITEURS
Le 1er avril 1873
par l'Imprimerie Niçoise (Assoc. Ouvr.), Verani et Cie
Boulevard du Pont-Vieux, 32

———

www.ingramcontent.com/pod-product-compliance
Lightning Source LLC
Chambersburg PA
CBHW072040090426
42733CB00032B/2047